# Der menschliche Körper und die Persönlichkeitsrechte

Von

HANS SCHREUER
ord. Professor der Rechte an der Universität Bonn

Sonderdruck aus: Festgabe der Bonner Juristischen Fakultät für Karl Bergbohm zum 70. Geburtstag

BONN
A. Marcus und E. Webers Verlag
1919

# Inhaltsübersicht.

I.

Eine dem weithin herrschenden Materialismus des XIX. Jahrhunderts Rechnung tragende Richtung hat im Leichnam glattweg eine Sache im Rechtssinne, allenfalls sogar im Eigentum des Erben gesehen — von einer Tierleiche nur durch gewisse Beschränkungen in der Verfügung verschieden, S. 5. — Für den lebenden Körper stellte das Naturrecht ein Urrecht auf Leib und Leben auf, S. 7. — Puchta's Rechte an der eigenen Person, S. 7. — Vangerow's Eigentum an sich selbst, S. 8. - Unger's Nihilismus, S. 8. — Trotzdem Behauptung der Persönlichkeitsrechte, insbesondere durch die Germanistik, namentlich O. v. Gierke; durch die Macht der Tatsachen, S. 9. — Unhaltbarkeit der Puchta'schen Theorie. Das Persönlichkeitsrecht als Recht der eigenen Persönlichkett, S. 10. — Verbesserung der Puchta'schen Theorie durch O. v. Gierke, S. 11. — Aber auch dessen Theorie nicht nur fremdartig, sondern den Tatsächlichen Verhältnissen nicht adäquat, S. 12. — Sachenrecht und Persönlichkeitsrecht: den Persönlichkeitsrechten fehlt es an einem dem Sachenrechtsobjeckt entsprechenden besonderen Herrschaftsobjekt, S. 12. — Trotzdem ist das Persönlichkeitsrecht ein wirkliches Recht, S. 14. — Römische iniuria, besonders aber die deutsche Auffassung des status. Die Persönlichkeit als Existenz- und Entfaltungsrecht, S. 15. — Auch die Verletzung von Leib und Leben ist Verletzung nicht des Körpers, sondern der zentralen Rechtspersönlichkeit, ebenso wie die Verletzung der Ehre oder des Erwerbrechts, S. 16.

II.

„Rechte an fremder Persönlichkeit" sind niemals unmittelbare, sachenrechtsähnliche Herrschaft, sondern an den unfaßbaren Willen gerichtet: Rechte gegenüber der fremden Persönlichkeit, im Grunde Rechte auf Gehorsam, S. 16. — Geiselschaft, Einlager, leibliche Rechte der Ehegatten, Pflege des Kindeskörpers, Züchtigung, Gewaltrecht des Schiffskapitäns, Recht des kriegführenden Staates, Strafrechte S. 18. — Vergleich mit v. Gierke's Formulierung, S. 20.

III.

Verselbständigte Persönlichkeitsrechte. Freiheit, Ehre, Seele, Seligkeit, Leibesglieder — einst selbständige un-

## I.

Die rechtliche Stellung des menschlichen Körpers, des lebenden und des toten ist sehr bestritten. Eine dem Materialismus der letzten Generationen entgegenkommende Richtung ist geneigt, darin — besonders im Leichnam, gelegentlich sogar im lebenden Körper — eine Sache zu sehen, einen greifbaren Gegenstand für Sachenrechte. Für die Naturwissenschaft, die Wissenschaft von der Körperwelt, ist der menschliche Körper eben auch nur ein Körper; physikalisch von Ausdehnung, Undurchdringlichkeit, Gewicht usw., wie alle Naturkörper; chemisch eine Zusammensetzung von Elementen; zoologisch eine Abart des Tierkörpers. Es ist selbstverständlich, daß eine Zeit, die in der auf Erforschung der Körperwelt gerichteten „Naturwissenschaft" der Weisheit letzten Schluß erblickte, hier einen festen Ausgangspunkt auch für die rechtliche Beurteilung zu haben glaubte. Man stand ja in einer nicht immer unberechtigten Reaktion gegen Volksaberglauben und gegen extrem spiritualistische, mitunter eigentlich recht materiell denkende Tendenzen Gebildeter, die am liebsten womöglich das Naturgesetz der „Schwere" hinweggedacht hätten. Es legte sich nahe, den menschlichen Körper, der seinem „Wesen" nach doch dasselbe war, wie der Tierkörper auch vom Rechtsstandpunkte aus grundsätzlich nicht anders zu behandeln, als diesen.

Das war am einfachsten beim Leichnam, wo unverhüllt in erschreckender Weise der organische Zerfall der Materie vor die Augen trat. Hier setzte auch die mächtige Bewegung für Leichenverbrennung ein, die aus der Materialität des Leichnams die Konsequenzen zu ziehen vermeinte, wenn sie auch freilich nicht ganz konsequent auf der Angst und dem Abscheu vor der Verwesung sich gründete. Einer solchen „Aufklärung“ konnte die Rechtswissenschaft nicht teilnahmslos gegenüberstehen. Es ist keine bloße theoretische „Irrlehre“, sondern es entspricht vollständig im Vordergrunde stehenden Anschauungen dieser Generationen, daß der Leichnam auch im Rechtssinne für eine Sache erklärt wurde[1]). Man braucht nur die Namen der Vertreter dieser Theorie zu überblicken, um zu sehen, daß es sich nicht um Privatmeinungen, sondern um die Überzeugung einer kompakten Masse handelt, als deren Sprecher die Theoretiker dieser Gruppe erscheinen. Diese juristischen Meinungen bringen wirklich nur führend das zum Ausdruck, was für weite Kreise Gebildeter zur Selbstverständlichkeit geworden war.

Um den Leichnam dem Sachenrechtssystem einzufügen, wurde er als res extra commercium[2]) erklärt, als herrenlos[3]), wenn nicht sogar im Eigentum des Erben[4]) stehend. Mit

1. Wächter, Würtembergisches Privatrecht II (1842) S. 285; J. Unger, System des österreichischen allgemeinen Privatrechts I 1856 S. 369 Anmerkung 28; H. Wappäus, Zur Lehre von den dem Rechtsverkehr entzogenen Sachen 1867 S. 48 f. A. Randa, Der Besitz 1879 S. 303; Windscheid, Pandekten I$^{6}$ (1887) § 147 Anm. 6 S. 477; Dernburg, Pandekten I 1$^{6}$ (1900) § 69 S. 159; Bürgerliches Recht III 1908 S. 5; Bekker, System des heutigen Pandektenrechts I (1886) S. 188, 331 f.; Cosack, Bürgerliches Recht I$^{5}$ (1910) S. 114; Hölder, Kommentar zum BGB I (1900) S. 206; Zitelmann, Bürgerliches Recht, Allgemeiner Teil 1900 S. 86; Crome, Bürgerliches Recht I (1900) S. 303; Landsberg, Bürgerliches Recht I (1904) S. 129, 141; R. Hübner, Deutsches Privatrecht$^{s}$ 199 S. 152; A. Kramer, Über das Recht in Bezug auf den menschlichen Körper, Berliner Dissertation 1885 S. 45; R. Schultheis, Über die Möglichkeit von Privatrechtsverhältnissen am menschlichen Leichnam und Teilen desselben 1898, Dissertation Halle; Gareis, Das Recht am menschlichen Körper und die Persönlichkeitsrechte, Festgabe der juristischen Fakultät zu Königsberg für J. Th. Schirmer 1900 S. 65 ff.; v. Schwerin, Blätter für Rechtsanwendung Bd. LXX 1905 S. 659.

2) Das ist die gewöhnliche Formulierung. Dernburg, Preußisches Privatrecht I$^{5}$ (1899) S. 136 § 67 Anm. 1 erklärt den Leichnam sogar als verkehrsfähige Sache, „da er fortan nicht mehr das leibliche Organ eines Rechtssubjektes bildet“.

3) Gareis, S. 92.

4) Bekker, a. O.

dieser Anschauung schien es ja zusammenzustimmen, daß Skelette und Mumien im Handel, also sogar verkehrsfähige Sachen waren. Daß ferner Leute ihren Leichnam an die Anatomie verkauften, und daß auch die Hinterbliebenen für die Überlassung des Toten an die Anstalt Geld nahmen. Eine weitere Stütze fand diese Theorie in der Tatsache, daß auch vom lebenden Körper abgetrennte Teile zweifellos Sachen sind. Namentlich in Haaren besteht ein reger Handel. Wie das abgeschnittene Haar, der amputierte Arm, also müßte auch die ganze Leiche „Sache" sein. Eine naturwissenschaftliche Grenze ist wirklich nicht zu finden.

Es blieb nur noch der lebende Körper selbst. Das Naturrecht, und ihm entsprechend die Theorie des positiven Rechts, hat das Recht auf Leib und Leben als natürliches, als Urrecht erklärt. Mit dem Zusammenbruche des Naturrechts war freilich diesem Gedankengebilde der Boden entzogen. Aber Puchta hat diese zweifellos vorhandenen Rechte dem System der positiven Rechte eingegliedert. Sein System der subjektiven Rechte ist sichtlich aus dem Sachenrecht heraus aufgebaut. Puchta teilt die Rechte ein nach dem Gegenstande. Als Gegenstand versteht er das, was „der Tätigkeit der Personen", „unterworfen" ist[1]). Gegenstand der Rechte sind ihm Sachen, Handlungen, Personen. Danach werden fünf Klassen von Rechten unterschieden:

1. Rechte an der eigenen Person; Rechte der Persönlichkeit und des Besitzes;

2. Rechte an Sachen: Eigentum und Rechte an fremden Sachen;

3. Rechte an Handlungen: Obligationen;

4. Rechte an Personen außer dem Rerechtigten: Eheliche, elterliche, Kindesrechte;

5. Rechte an Personen, die in den Berechtigten übergegangen sind und von ihm repräsentiert werden: Erbrecht und andere Rechte an Vermögen[2]).

---

1) Puchta, Pandekten 1829, 12. Aufl. 1877 S. 47.

2) Puchta, a. O. S. 71.

Das Ganze ist offenbar eine Projektion der römischen Einteilung des ius quod pertinet ad personas, res und actiones in die Welt der subjektiven Rechte, und zwar unter Zugrundelegung des Sachenrechtsbegriffes. Daher gibt es — ebenso wie Rechte an Sachen — auch Rechte an Handlungen (Obligationsrechte) und Rechte an Personen (an der eigenen und an fremden Peronen). Die Persönlichkeitsrechte erscheinen in diesem System als „Rechte an der eigenen Person". Puchta behandelt in dieser Gruppe zwar nur die Statusrechte und die Ehre. Aber zweifellos fällt das Recht auf Leib und Leben, auch in diese Kategorie. Es müßte da als Recht an Leib und Leben, als Recht am eigenen Körper bezeichnet werden. Als äußerste Steigerung der Puchta'schen Formel hat Vangerow[1]) dem freien Menschen das Eigentum an sich selbst gegeben. Damit ist auch der lebende Körper für eine Sache erklärt.

Widerspruch ist nicht ausgeblieben. Schon Savigny[2]) ist gegen Puchta aufgetreten. Besonders scharf hat Unger ausgeführt, daß „die Annahme von sogenannten Personenrechten, welche mit dem Vermögensrecht auf eine Linie gestellt werden, unhaltbar" sei; die Persönlichkeit sei nichts anderes als die Rechtsfähigkeit, als die Möglichkeit, Rechte zu haben[3]). Puchta mache das Subjekt zu seinem eignen Objekt[4]); die sogenannten Personenrechte seien „nicht einzelne konkrete Befugnisse, sondern nur persönliche Zustände und Eigenschaften, welche für das Rechtsgebiet von Bedeutung sind"[5]). Diese Anschauung ist fast herrschend geworden[6]). Nach ihr ist der lebende Körper ein außerrechtliches Ding. Daß ich einen Kopf habe, ist lediglich ein faktischer „Zustand". Ein Recht dazu habe ich nicht; aber wer mir den Kopf abhackt, wird bestraft.

1) Vangerow, Pandekten I⁷ 1863 § 34 Anm. 1 S. 72.

5) v. Savigny, System des heutigen römischen Rechts I (1840) S. 337.

3) Unger, a. O. S. 505.

4) Unger, S. 506 Anmerkung 5.

5) Unger. 509.

6) Vgl. namentlich auch die sehr scharfe Stellungnahme von G. Jellinek, System der öffentlichen Rechte² (1905) S. 83f.

Trotz dieser radikalen „Klärung“ trat „die Behauptung derartiger Rechte fortwährend“ auf[1]). Und es ist keine schlechte Gesellschaft, welche für die von der herrschenden Lehre verflüchtigten Persönlichkeitsrechte immer wieder eintritt[2]). Insbesondere hat auch die Germanistik sie ziemlich allgemein zum eisernen Bestande ihres Rechtssystems gemacht. Unter den Germanisten ist namentlich Otto v. Gierke nicht nur für die Persönlichkeitsrechte, sondern auch für deren Auffassung als „Rechte an der eigenen Person“ eingetreten[3]). Was bei den Sachenrechten die Sache, sei bei den Persönlichkeitsrechten „ein Bestandteil der eigenen Persönlichkeit“. Die Persönlichkeitsrechte seien Privatrechte, wenn sie auch allenfalls — ebenso wie das Eigentum — öffentlichrechtlichen Schutz genießen. Von diesem Standpunkt aus ist auch das Recht auf Leib und Leben ein privates Persönlichkeitsrecht,[4]) und der Körper des lebenden Menschen „als Bestandteil der Persönlichkeit zwar ein Gegenstand des Rechts“ (Rechtsobjekt) an der eigenen Person, jedoch kein Gegenstand des Sachenrechts[5]).

Schon der Jahrzehnte lang währende Kampf dieser streng gegensätzlichen Meinung gegen die herrschende Lehre weist darauf hin, daß es sich hier nicht um verbohrte Theorien, sondern um wirkliche Lebensverhältnisse handelt, die sich immer wieder zum Worte melden. Das trat drastisch bei der Abfassung des Bürgerlichen Gesetzbuchs hervor. Die Motive II S. 728 erklären, daß „mit Grund bezweifelt werden kann, ob die höheren Güter“ des Lebens, des Körpers, der Gesundheit, der Freiheit und der Ehre „als Rechte bezeichnet werden können“. Aber diese theoretische Überzeugung der Verfasser hat praktisch zu einer ganz entgegengesetzten Regelung geführt. Der erste Entwurf 704 II erklärt: Hat jemand widerrechtlich und vorsätz-

1) G. Jellinek, a. O.

2) Vgl. Gareis, S. 82 ff. und neuestens H. O. de Boor, Urheberrecht und Verlagsrecht 1917, wo die Literatur eingehend erörtert wird.

3) O. Gierke, Deutsches Privatrecht I 1895 S. 258 ff.

4) O. Gierke, I S. 709.

5) Daselbst II 1905 S. 35.

lich das Recht eines andern verletzt, so ist er schadenersatzpflichtig. „Als Verletzung eines Rechtes im Sinne der vorstehenden Vorschriften ist auch die Verletzung des Lebens, des Körpers, der Gesundheit, der Freiheit und der Ehre anzusehen". Das heißt auf Deutsch: Die Gelehrten sagen zwar, die Persönlichkeitsrechte seien keine Rechte; aber ihre Verletzung ist als Rechtsverletzung anzusehen. Das ist die Macht der Tatsachen gegenüber entgegenstehenden Doktrinen.

Auch die nichtgermanistische Lehre hat sich von dem alten nihilistischen Standpunkt vielfach losgelöst. Dernburg erklärte den Körper des lebenden Menschen als „Teil des Rechtssubjektes":[1]) Regelsberger „das Recht der Unverletztheit des Körpers als Ausfluß des Rechtes der Persönlichkeit", und „das Recht der Persönlichkeit als das erste und vollkommenste aller Privatrechte"[2]). Gareis und Kohler sprechen sich im Anschluß an unbezweifelte psychologische Vorgänge geradezu für die juristische Möglichkeit aus, daß ein Subjekt sich selbst als Objekt setzen könne[3]). Das Persönlichkeitsrecht ist also keineswegs aufgegeben. Im Gegenteil, es ist darüber nicht hinwegzukommen.

Aber auch die Puchta'sche Theorie des Rechtes an der eigenen Person ist nicht haltbar. Wie verfehlt der ganze Aufbau Puchta's ist, zeigt schon dessen Konstruktion der Obligationen als Rechte an Handlungen. Obligationen sind nicht Rechte an Handlungen, sondern Rechte auf Handlungen. Sie müßten daher in Puchta's System den „Rechten an fremden Personen" zugezählt werden. Aber auch die „Rechte an Personen" und namentlich, was hier interessiert, die „Rechte an der eigenen Person" sind ein Mißgriff. Die Analogie mit dem Sachenrecht versagt vollständig. Ich habe — juristisch gedacht — nicht ein Recht an meinem eigenen Körper. Das könnte

1) Dernburg, Bürgerliches Recht III S. 3.

2) F. Regelsberger, Pandekten I 1893 S. 413 und 198.

3) Gareis, S. 74, spaltet den „rechtsfähigen Menschen in das berechtigte Subjekt" und „das von diesem beherrschte Objektive im freien Menschen". Ebenso J. Kohler, Bürgerl. Recht III (1915) S. 1.

nur eine Art Eigentum sein. Der Körper aber ist ein Teil der Person. Das Recht der körperlichen Unversehrtheit ist also ein Teil des Rechtes der Persönlichkeit. Das Recht der Persönlichkeit aber ist nicht ein Recht an der eigenen Person. Unger's Einwand gegen die Selbstobjektivierung des Rechtssubjektes ist wohl berechtigt. Der seelische Vorgang z. B. der Selbstbeherrschung ist lediglich intern, also dem Rechte entzogen. Das Recht der Persönlichkeit ist vielmehr das Recht der eigenen Person, der eigenen Persönlichkeit; der Anspruch auf Existenz und Entfaltung des Rechtssubjektes selbst.

O. v. Gierke hält an Puchta's Systematisierung im Grunde fest. Aber er nimmt wichtige Verbesserungen vor. Gierke unterscheidet[1]: Rechte an der eigenen Person, Rechte an Sachen und Rechte an anderen Personen (Obligationen; Rechte an fremden Personen; innere Körperschaftsrechte; Rechte am Rückstande einer weggefallenen Person). Damit sind zunächst gegenüber Puchta die Obligationen richtig eingereiht. Aber auch den ideellen Gehalt des Systems hat Gierke wesentlich umgestaltet. Unter „Gegenstand" des Rechts, Rechtsobjekt, versteht v. Gierke nicht mehr das, was direkt dem rechtlichen Willen des Berechtigten unterworfen ist — nach Analogie des Sachenrechtes. Unter Rechtsobjekt versteht Gierke einen „Beziehungsgegenstand", einen Gegenstand „in Bezug auf welchen der Berechtigte über andere Willen herrschen soll". Darnach ist dann beim Sachenrecht Gegenstand, im Vordergrunde stehender Gegenstand die Sache, mit Bezug auf welche man Andere beherrscht; bei den Personenrechten entweder die eigene oder die fremde Persönlichkeit. Sachen und beherrschte Persönlichkeit sind dann bloß Gegenstände, in Bezug auf welche der Berechtigte über Andere herrscht; also Beziehungsgegenstand nicht Herrschaftsgegenstand. Die Sache ist nicht Rechtsobjekt, weil sie beherrscht wird, sondern nur als Gebietsabgrenzung für die

1) Gierke, I S. 250 ff.

Herrschaft über Andere. So läßt sich tatsächlich eine einheitliche Zusammenfassung von Sachen- und Personenrechten herstellen, ohne den Vorwurf, daß die Personenrechte in den Rahmen der Sachenrechte eingezwängt werden. Ich kann gewiß sagen: In Bezug auf meinen Körper, in Bezug auf meine Freiheit, Ehre, beherrsche ich die Andern. Dann ist die Persönlichkeit des Subjekts nicht auch noch Objekt seiner Herrschaft. Die Herrschaft richtet sich gegen Andere. Diese sind die Beherrschten, aber nur für einen Kreis, der Herrschaftsgebiet des Berechtigten ist. So mag dann immerhin auch die Bezeichnung „Rechte an der eigenen Person" oder „an der fremden Person" gerechtfertigt sein. Der Ausdruck „Recht an der Person" wird dann eben in einem anderen Sinn genommen, als es von Puchta geschieht. Aber auch bei dem Ausdrucke „Recht an der Sache" muß man an etwas anderes denken, als sonst allgemein der Fall ist. Bei Gierke's Formulierung ist „Rechtsobjekt", Objekt der Herrschaft, nicht das was man sonst darunter versteht: „das Beherrschte"[1]), sondern nur ein Herrschaftsbereich, der Bereich der Herrschaft des Berechtigten über andere Personen — sowohl bei den Personenrechten, wie bei den Sachenrechten.

Nicht blos gegenüber dem Sprachgebrauch mutet v. Gierke's Formulierung fremdartig an. Auch sachlich scheint mir dabei der springende Punkt nicht an die ihm gebührende Stelle gerückt zu sein. Unter „Sachenrecht" versteht man gewöhnlich eine unmittelbare rechtliche Sachherrschaft, unmittelbare Rechtsmacht über die Sache. Sie ist nicht identisch mit der tatsächlichen Herrschaft, und erst recht nicht mit der physischen Herrschaft, der Gewalt über die Sache. Jede hat einen anderen Inhalt, jede bestimmt sich nach anderen Grundsätzen. Fallen sie zusammen, so hat das Subjekt mehrfache Herrschaft. Der Wahnsinnige, der seinem Arzte die Uhr entreißt, hat die physische Herrschaft, die Gewalt; aber er erlangt dadurch nicht die tatsächliche Herrschaft, den Besitz, was nor-

1) Gierke, I S, 257 bezeichnet in diesem Sinne als Rechtsobjekt den Verpflichteten.

males geistiges Bewußtsein voraussetzen würde. Er erwirbt auch nicht die Rechtsmacht. Der Arzt verliert nicht nur die physische Gewalt über die Uhr, sondern auch die tatsächliche Herrschaft. Aber er behält seine rechtliche Herrschaft, und kann mit deren Hilfe die Sache wieder erlangen. Hat dagegen der Arzt seine Uhr, der Bauer sein Grundstück, so hat er neben der physischen Gewalt und der tatsächlichen Herrschaft auch noch die Rechtsmacht darüber. Seine Herrschaft ist als rechtlich anerkannt, das heißt, er kann nicht bloß, er darf herrschen. Durch die Anerkennung erlangt er eine besondere, aus sozialer Quelle fließende Macht, die neben seine tatsächliche Herrschaft und Gewalt tritt. Nicht scheu, wie der Dieb, oder frech, wie der Räuber, übt er seine Gewalt, sondern in dem „sittlichen" — genauer gesagt, nicht bloß sittlichen, sondern auf der Rechtsüberzeugung ruhenden — Bewußtsein seines Rechts, getragen von der kategorischen Zustimmung der Rechtsgemeinschaft, die sich zum rechtlichen Schutz (gerechte Selbsthilfe, staatliche Hilfe) steigert und selbst bei Verlust der Gewalt eingreift, um ihm die Sache wieder zu verschaffen. Manche Sachenrechte gewähren grundsätzlich überhaupt keine physische Gewalt; die Näherrechte, die (deutschen) Hypotheken. Ihrem Inhalte nach kann die Sachenrechtsmacht Nutzung oder Verfügung sein. Der Eigentümer hat beides; der Grunddienstbarkeitsberechtigte nur die Nutzung; der Pfandberechtigte die Verfügung, Zurückhaltung, Veräußerung. Im einzelnen bestehen zwischen den verschiedenen Rechtssystemen, z. B. zwischen dem deutschen und dem römischen Rechte, aber auch innerhalb derselben Rechtsordnung reichliche Abwandlungen, welche die einzelnen Sachenrechte individualisieren.

Die Sachenrechte sind unmittelbare Rechtsmacht über die Sache. Auch der Gläubiger hat, insbesondere nach deutschem Recht, eine Rechtsmacht über die Sache. Er kann klagen und mit staatlicher Gewalt die geschuldete Sache an sich ziehen. Aber seine Rechtsmacht über die Sache ist nicht unmittelbar. Er kann die Sache nur vom Schuldner fordern. Seine Rechtsmacht über die Sache wird vermittelt durch die Person des Schuldners. Auch die Rechtsmacht des Ehemannes über das eingebrachte Gut der Frau geht durch die Person der Frau hindurch; nur als Gatte der Frau hat er das Recht an ihrem Gut, und auch nur so lange, als die Ehe besteht.

Bei den Persönlichkeitsrechten fehlt es dem Rechtssubjekt an einem solchen besonderen Herrschaftsokjekt. Ich habe mich nicht, sondern ich bin. Insofern kann man mit Jellinek sagen: „Persönlichkeit ist man,“ „die Person hat ein Sein zum Inhalt“. Der Leib ist nicht etwas, was ich habe, sondern ein Stück dessen, was ich bin, ein Stück meiner selbst, ein greifbares Stück der Persönlichkeit; seine Rechtsstellung kann nur von der Persönlichkeit aus erfaßt werden.

Damit ist aber keineswegs ein Gegensatz blos „sogenannter Persönlichkeitsrechte“ zu wirklichen Rechten gegeben. Im Gegenteil. Damit sind die Persönlichkeitsrechte für volle Privatrechte erklärt. Man mag immerhin mit Jellinek sagen: „Das Recht hat man“. Ich habe doch aber auch das Recht zu leben! Das Existenzrecht ist ein Minimum und zugleich das Fundament aller anderen Rechte. Es ist ein wirkliches Recht, nicht blos ein faktischer Zustand. Die Person ist nicht ein außerrechtliches Ding, dem die Rechtsordnung in der Form von Rechten etwas zum Haben in die Hand drückt; sondern Person zu sein ist eben schon ein Recht, das z. B. dem servus mangelt. Dabei ist die Person durchaus nicht etwa = servus (= homo) + Rechtsfähigkeit. Daß ich geboren bin, ist eine Tatsache. Aber ich bin nicht nur als physischer homo sapiens, sondern auch als Rechtssubjekt geboren; mein Dasein ist rechtlich als unantastbar anerkannt. Das physische Dasein ist die eine Seite meiner selbst; das Recht zu sein eine andere Seite meiner selbst[1]). Durch die Geburt werde ich zoologisch homo sapiens und zugleich als solcher rechtlich Rechtssubjekt. Wie der Baum oder der Hund nicht nur Materie, sondern zugleich Energie ist, so bin ich selbst nicht nur Materie, und physische Energie, sondern zugleich rechtliche Energie,

1) Das scheint mir auch v. Tuhr I S. 151 zu übergehen.

Rechtspersönlichkeit. Ich habe vom Augenblick der Geburt an[1]) den rechtlichen Anspruch auf Existenz, Geltung und Entfaltung. Das ist das Recht zu existieren, zu gelten, mich zu entfalten. Gerade die Gegenüberstellung des servus müßte zeigen, daß es auch anders sein kann. Der servus ist juristisch als Tier geboren. Si quis servum aut caballum furaverit, sagt die Lex Salica. Der physische Mensch ist entweder rechtlos oder Rechtssubjekt. Gegenstand eines rechtswidrigen Angriffs ist „das Rechtssubjekt selbst". Aber die Rechtssubjektivität ist eben ein Recht.

Die Römer haben mit ihrem Begriff der iniuria, des quod non iure fit, der contumelia (a contemnendo), der Mißachtung des illaesae dignitatis status den Sachverhalt scharf erfaßt. Der status ist eben kein blos faktischer, sondern ein rechtlicher Zustand. Aber vielleicht ist auch diese Auffassung noch etwas einseitig, äußerlich. Sie bleibt mehr in dem objektivrechtlichen Teil des Problems stecken. Das mag dem absolutistischen Staatsgedanken und dem Übergewicht des objektiven über das subjektive Recht entsprechen. Jedenfalls ist dem Germanen der status grundsätzlich und zunächst der subjektive Rechtskreis des Berechtigten. Für uns ist Rechtssubjektivität nicht blos die Zulassung zum Erwerb von Rechten, Rechtsfähigkeit, sondern die persönliche Fähigkeit, sich mit rechtlich anerkannter Wirkung auszuleben. Sie umfaßt als subjektives Recht vor allem die Persönlichkeit selbst: das physische Leben und die körperliche Unversehrtheit, sogar die äußere Erscheinung (das sog. Recht am eigenen Bilde); über das Physische hinaus die Bezeichnungen und Ursprungszeichen; die Ehre, d. h. die äußere Achtung der Persönlichkeit; das Innenleben (Gewissensfreiheit, Briefgeheimnis u.s.w.). Die Rechtssubjektivität begreift aber auch nach außen hin die Freiheit der Bewegung, der Äußerung und Betätigung einschließlich der Erwerbs- und Rechtsgestaltungsfreiheit. Sie bedeutet also nicht nur Rechtsfähigkeit, sondern auch Handlungsfähigkeit und Gestaltungsrecht. Die Rechtspersön-

1) Zum Teil schon früher; vgl. unten S. 30 f.

lichkeit ist berechtigte Existenz und Entfaltung; Existenz- und Entfaltungsrecht.

Ich bin also nicht blos geschützt an Leib und Leben, an Innenleben, Ehre, Betätigung, sondern ich habe das Recht dazu; ein Recht individuell zu sein und mich individuell zu äußern. Und weil ich das Recht habe, bin ich geschützt. Es ist immer wieder der eigentümliche, römische Akzionengedanke, der bei der gegenseitigen Meinung durchbricht; die Selbständigkeit der Klage gegenüber dem Recht, die Zulässigkeit der Klage auch ohne Recht, der actio in factum. Der Angriff „gegen das Rechtssubjekt“ selbst ist für uns eben nicht ein verbotener Angriff gegen irgend ein Wesen, das auch Rechtssubjekt ist, sondern der Angriff auf die Rechtssubjektivität, auf das Recht der Persönlichkeit. Die Persönlichkeitsrechte sind nicht „Rechte an der eigenen Persönlichkeit“, sondern Rechte **der** (eigenen) Persönlichkeit. Behält man dies im Auge, so kann man immerhin sagen: Persönlichkeit ist nicht nur Rechtsfähigkeit, sondern auch „Rechte haben“. Geradeso oder ähnlich wie man vom Naturkörper sagt: „er hat Energie,“ dabei aber denken muß: „er ist energetisch“.

Eine solche Verletzung subjektiven Rechtes ist auch der Angriff gegen Leib und Leben. Äußerlich ist der Körper verletzt; aber rechtlich — ebenso wie allgemein psychisch und moralisch — ist es ein Schlag gegen die Rechtspersönlichkeit, eine der schwersten Verletzungen. Ein Recht an dem Körper, sachenrechtlich oder sachenrechtsähnlich gedacht, gibt es nicht. Der Körper ist auch nicht blos ein Gegenstand, in Bezug auf welchen man alle Anderen beherrscht. Er ist auch insofern nicht Rechtsobjekt. Der Körper ist vielmehr die Persönlichkeit, das Rechtssubjekt selbst nach einer Seite hin. Das Rechtssubjekt hat auch das Recht der Unversehrtheit dieser seiner Seite, ebenso wie der Unversehrtheit seiner Ehre, seines Erwerbes.

## II.

Die Persönlichkeit ist kein abgeschlossenes, autonomes Individuum; sie unterliegt auch der Rechtsmacht Anderer.

Ehegatten, Eltern und Kinder, Gesellschafter, Vereinsmitglieder haben gegenseitig Rechte gegeneinander; der eine unterliegt der Rechtsmacht des Anderen. Auch diese Rechtsmacht ist keine Analogie des Sachenrechtes, kein „Recht an der fremden Person“. Die Rechtsmacht gegen ein Rechtssubjekt ist in erster Linie direkt psychischer Natur. Sie erfaßt nicht — wie etwa das Sachenrecht die Sache selbst — unmittelbar die Persönlichkeit als Ganzes, sondern sie richtet sich bloß fordernd an den Willen des Beherrschten. Das Eigentum des dominus an dem servus wendet sich nicht an dessen Willen; es packt unmittelbar den ganzen homo. Der Vater dagegen kann nur fordern — nicht so, aber ähnlich wie ein Gläubiger vom Schuldner. Also kann man auch nicht füglich von einem Rechte „an“ der Persönlichkeit des Andern sprechen. Durch die rechtliche Anerkennung des Willens entzieht sich die Persönlichkeit grundsätzlich jeder Analogie mit dem Sachenrecht. Die Rechtsmacht ist hier weniger brutal, aber dafür höherer Art. Sie packt den Beherrschten nicht am Haarschopf, sondern an dem — unfaßbaren Willen.

Aber der Wille ist doch wieder nur ein Stück, eine Lebensäußerung der Persönlichkeit. Also muß man sagen, daß die Persönlichkeit dem Berechtigten unterworfen ist. Aber diese Unterwerfung des Schuldners unter den Gläubiger, der Ehegatten untereinander ist niemals unmittelbare Herrschaft, sondern vermittelt durch den freien Willen des Verpflichteten, nicht nur bei Eingehung des Verhältnisses, sondern auch im Zeitpunkte der Erfüllung. Die bloße Willensgebundenheit bringt es mit sich, daß diese rechtlichen Verpflichtungen grundsätzlich nicht unmittelbar erzwungen werden können. Bei den Römern geht nicht einmal die condemnatio auf die Leistung selbst, sondern nur auf das Geldinteresse. Auch unser Recht hat nur langsam eine Zwangsvollstreckung herausgebildet — wesentlich dadurch, daß es das Personenrechtliche des Schuldverhältnisses zurücktreten ließ und das Recht auf die Sache in den Vordergrund rückte, also die Schuldrechte nach der dinglichen Seite hin entwickelte. Solche Personenrechte, welche die Person des Verpflichteten dem Berechtigten unterstellen, sind nicht Rechte an dessen Persönlichkeit[1]), sondern Rechte **„gegenüber"** dessen Persönlichkeit.

Von diesem Standpunkt aus ist auch ein fremdes Recht „am" Leibe des Verpflichteten zu beurteilen. Hierher gehört das alte Pfandrecht am Bürgen, Geiselschaft, Einlager; das Recht auf Zusammenleben der Ehegatten im Hause des Mannes; das debitum coniugale; das Recht der Eltern am Kindeskörper; das Gewaltrecht des Schiffskapitäns gegenüber der Schiffsmannschaft. Die Eltern haben namentlich gegenüber kleinen willenlosen Kindern eine tiefgreifende Rechtsmacht an deren Körper. Die ganze Körperpflege einschließlich der Einwilligung zu Operationen liegt in der Rechtsmacht der Eltern. Die Eltern haben sogar ein körperliches Züchtigungsrecht. Der Vater kann also wirklich den Jungen am Schopfe fassen. Auch der Mann kann mit Hilfe richterlicher Gewalt sogar die Frau an einem bestimmten Orte festhalten. Der Schiffer kann die Schiffsmannschaft allenfalls einsperren, fesseln.

Niemals handelt es sich aber auch hier um eine Sachenrechtsanalogie, um ein unmittelbares Recht am Leibe, an der Persönlichkeit. Die Geiselschaft hat noch eine pfandrechtliche, sachenrechtliche Wurzel. Aber sobald sie aufhört Versklavung zu sein, also die eigentliche, freie Geiselschaft, wird sie nicht nur durch Vertrag begründet, sondern auch blos nach Art eines Vertrages gehalten. Die Gewalt über die Person verschwindet in einer Art Hausgemeinschaft. Ihr letzter Ausläufer ist das Einlager, das völlig in den guten Willen — wenn auch als Rechtspflicht — des Erfüllenden zum Einreiten gelegt ist. Auch der Frauenraub begründet Ehe und nicht Knechtschaft. Die Geraubte wird

1) Die materialistische Anschauung tritt deutlich hervor bei Gareis S. 87: „Verpflichtet sich der freie Mensch zu Handlungen .. schuldrechtlich, .. familienrechtlich .. oder erbrechtlich, so verfügt er damit über seinen Körper, genauer über Kraft und Bewegungen desselben, über seine motorischen Nerven und die von diesen beherrschten Muskeln und Gefühle." „Alle Obligationen sind also Beschränkungen der Rechte an der eigenen Person."

„Frau", das ist „Herrin" des Hauses und Genossin des Mannes. Nach einem deutschen Rechtssprichwort „gönnt" die Frau dem Manne ihren Leib ebenso wie ihr Gut. Der Weg zu Gut und Leib der Frau führt immer durch den Willen der Verpflichteten hindurch. Auch das Züchtigungsrecht der Eltern ist kein Prügelrecht, sondern ein psychisches Zuchtrecht; es ist nur eine handgreifliche Ansprache an die Seele des Kindes. Aber selbst die Leibespflege willenloser Kinder steht nicht auf einer Stufe mit Pferdeputzen und Hundescheeren. Wenn ich meinen Hut bürste, so bearbeite ich meine Sache in meinem Interesse nach freier Willkür. Wenn aber die Mutter den widerspenstigen Bengel wäscht, so ist das ein Dienst, den sie ihm wider dessen Willen erweist; ihre Pflicht und kein bloßes Herrschaftsrecht. Gewiß hat sie auch ein Recht dazu, namentlich auch das Recht, es nach ihrer eigenen Methode zu besorgen. Aber es ist kein Recht an dem Körper des Kindes, sondern ein Recht gegenüber der Persönlichkeit des Kindes. herausgewachsen aus der Pflicht, den Schmutzfinken zu einem gesunden und sauberen Staats- und Weltbürger heranzubilden. Es ist wie die Züchtigung pädagogischer, vorwiegend leiblich-pädagogischer Natur. Es ist wie die Schlüsselgewalt eine Art Amtsrecht kraft subjektiv-rechtlicher Befugnis — etwa wie das Recht des deutschen Königs im Staate. Es ist vermittelt durch das höchst persönliche und höchst umfassende, auch gegenseitige Rechtsverhältnis der Eltern- und Kindschaft. Es endigt mit dem Erziehungsrecht, dort wo das Kind dessen nicht mehr bedarf, wo dessen Willen zur rechtlichen Anerkennung herangewachsen ist. In allen diesen Fällen besteht kein unmittelbares Herrschaftsrecht an dem Körper, auch nicht an der Persönlichkeit. Die Persönlichkeit ist dem Willen des Beherrschers unterworfen; aber nicht unmittelbar, sondern immer erst durch ein Mittelglied hindurch: den reifen Willen des Verpfichteten oder die pflichtmäßige Ergänzung des unausgereiften Willens des Unterworfenen. Auch das Fesselungsrecht des Schiffskapitäns ist disziplinärer Natur. Es ist gegründet auf dem freiwilligen Heuervertrage und wird ausgelöst zur Aufrechterhaltung der

Ordnung (Kostschmälerung bis zu drei Tagen) und in seinen Höchststeigerungen (Einsperrung, körperliche Züchtigung, Fesselung) erst durch Widersetzlichkeit des Schiffsmanns; Seemannsordnung von 1902 § 91.

Bei den Mitgliedschaftsrechten aus Verbandszugehörigkeit, namentlich bei Zwangsgenossenschaften und insbesondere beim Staat tritt freilich der Wille des Verpflichteten gegenüber der überragenden Verbandsgewalt zurück. Der kriegführende Staat schickt Millionen in Tod und Verstümmelung. Aber auch dieses Recht „am“ Körper der Staatsangehörigen ist kein dingliches. Es fließt aus der personenrechtlichen Staatsangehörigkeit, und endigt daher auch mit deren Lösung. Der eigene Wille des Staatsvolkes gibt dessen eigene Glieder der Gefahr preis. Es ist ein gemeinsamer Willensbeschluß über die eigene Persönlichkeit der Angehörigen. Der sich Weigernde aber erliegt nicht einem dinglichen Recht des Staates an seinem Körper, sondern dem gemeinsamen Willen, an dem er auch selbst in verfassungsmäßiger Weise beteiligt ist. Wenn ferner der Staat oder die fehdeberechtigte Sippe den Verbrecher tötet, verstümmelt, peitscht, einsperrt, so ist auch das kein unmittelbares sachenrechtliches Vorgehen gegenüber dem Körper des Missetäters. Es ruht in der Verwirkung der Persönlichkeit, die sich freilich bis zum vollen Verlust steigern kann. Der Strafknecht wird zur Sache; der Geächtete muß vernichtet werden.

Wir müssen also richtig sagen: es gibt nicht ein Recht „an“ der fremden Persönlichkeit, sondern nur **gegenüber** der fremden Persönlichkeit. Der Berechtigte hat keine unmittelbare Herrschaft an der Persönlichkeit des Anderen, sondern nur einen durch personenrechtliche, meist erst vertragsmäßige Verbundenheit mit ihr hindurchgehenden, durch sie vermittelten Anspruch auf Gehorsam.

Auch bei diesen Rechten gegenüber fremder Persönlichkeit erscheint mir v. Gierke's Formulierung zwar nicht unrichtig, aber nicht ganz angemessen. Ich beherrsche nicht eigentlich Jedermann in Bezug auf meinen Sohn, insbesondere nicht in Bezug auf dessen Körper. Vielmehr beherrsche ich wirklich meinen Sohn. Aber diese Herrschaft ist nicht nur „abgegrenzt", wie es Gierke richtig hervorhebt. Sonst wäre ja der Sohn Sklave. Diese Herrschaft ist auch nicht unmittelbar: nur als Vater kann ich von meinem Sohn etwas verlangen; nur als Vater kann ich allenfalls zugreifen. Geradeso wie das Nutzungsrecht des Mannes am Frauengut bei der Verwaltungsgemeinschaft die Sache nicht direkt sachenrechtlich ergreift, sondern erst durch das eheliche Verhältnis vermittelt wird, so wird auch Leib und Seele des Kindes erst mittels des Familienverhältnisses erfaßt. Ich habe nicht ein Recht an der Persönlichkeitssphäre des Kindes, sondern *gegenüber dem Kinde — als Vater.*

## III.

Das deutsche Recht liebt es, *die Rechtsverhältnisse zu verselbständigen.* Eine Forderung ist für uns nicht wie im römischen Recht die Forderung des Titius gegen den Sempronius auf tausend Mark, sondern eine Forderung auf tausend Mark, bei der augenblicklich Hinz Gläubiger und Kunz Schuldner ist. Durch Abtretung oder Schuldübernahme können auch ohne weiteres Meier und Müller an deren Stelle treten. Ähnliches zeigt sich auch bei den Persönlichkeitsrechten. Der Germane verspielte seine Freiheit. Der Schuldner gab Freiheit, Ehre, Seligkeit dem Gläubiger Preis. Selbst Verstümmelungsverträge waren möglich. Auch heute kann die Firma oder ein Geisteswerk veräußert werden. Der Handlungsgehilfe, der Gesellschafter, der Kartellierte ist in seiner Erwerbsfähigkeit vertraglich beschränkt. So heben sich *Persönlichkeitsrechte als Gegenstand von Rechtsgeschäften* heraus. Aber alles, was Gegenstand von Rechtsgeschäften sein kann, nennen wir *Rechtsobjekt!*

Ist *Freiheit, Ehre, Seele, Seligkeit* verkauft, so handelt es sich immer um Aufgabe von unkörperlichen Stücken der Persönlichkeit. Soweit eine solche Zerstückelung zulässig ist — und das war nach dem alten Rechte der

Fall[1]) — sind diese Stücke selbständig erfaßte Bestandteile der Persönlichkeit. Da die Veräußerung möglich war, waren sie unkörperliche Sachen. Sie gehörten zur Person, wie ihre Kleidung, Rüstung, Schmuck, und waren daher Rechtsobjekte im „Eigentum" der Person[2]). Die Entwicklung brachte eine Steigerung des idealen Persönlichkeitsbewußtseins. Während der körperliche Besitz sich von der Person löste, wurden diese idealen Güter zu unabtrennbaren Bestandteilen der Person. Als unveräußerlich hörten sie auf, Rechtsobjekte zu sein. In gleicher Weise erschienen zunächst auch die Leibesglieder als selbständige, veräußerliche Rechtsobjekte. Kopf, Herz, Zeugungsglieder wurden sogar personifiziert. Bildlich leben ja derlei Vorstellungen noch heute fort. Die Gattin schenkt dem Gatten ihr Herz: die uxor in manu in der Form eines römischen constitutum possessorium, die deutsche Frau durch Besitzauftragung. Im Laufe der Entwicklung werden aber auch die Leibesglieder untrennbare Elemente der Persönlichkeit. Ein Stück dieses Prozesses zeigen schon die Volksrechte. Die Glieder werden nach selbständigen Taxen angesetzt, die bei Verstümmelungskonkurrenz zu summieren sind. Hier erscheint jedes Glied als ein selbständiges Rechtsgut, der Person des Verletzten gehörig. Aber schon die Volksrechte selbst lassen vielfach diese Kumulazion in einer besonderen Injurienbuße ihre oberste Grenze finden[3]). So hören allmählich auch die Körperglieder auf, selbständige Rechtsobjekte zu sein. So wurden die Verträge auf körperliche Verstümmelung als die ganze Person ergreifend widersittlich. Wenn Porzia dem Shylock das Stück Fleisch, worauf er ein Recht hat, entwindet, so findet sie den Beifall des Publikums. Und gerade in ihrer Rabulistik schlum-

1) Vgl. A. Heusler, Institutionen des deutschen Privatrechts I (1885) S. 103 f.; J. Kohler, Shakespeare vor dem Forum der Jurisprudenz (1883) S. 30 f., 59 ff. K. Gareis, S. 76 ff.

2) Näheres hierüber an anderer Stelle.

3) H. Schreuer, Die Behandlung der Verbrechenskonkurrenz in den Volksrechten (O. Gierke's Untersuchungen zur deutschen Staats- und Rechtsgeschichte Bd. 50) 1896.

mert der richtige Zukunftsgedanke: der Berechtigte soll sein Stück Fleisch haben, aber nicht mehr als das — zunächst materiell gedacht, dem tieferen Sinne nach aber immateriell. Er soll sein Stück Fleisch haben, aber nicht mehr: nur das Stück Fleisch, aber keinen Eingriff in die Persönlichkeit — das heißt nichts. Der germanische Humor im Recht! Die Verstümmelung wird zu einem Angriff gegen die zentrale Persönlichkeit.

Auch heute noch können ideale Persönlichkeitsrechte zu selbständigen Rechtsobjekten abgelöst werden. Wer ein Buch schreibt, schafft nicht nur eine (hier nicht interessierende) körperliche, sondern auch eine unkörperliche Sache. Sie steht im literarischen Eigentum des Urhebers. Das Manuskript wird zwar noch vom Persönlichkeitsrechte festgehalten: es kann dem Verfasser wider seinen Willen auch von seinen Gläubigern nicht abgenommen werden. Aber das Geisteswerk ist von seinem Urheber zu selbständigem Dasein abgetrennt. Es ist nicht mehr ein Stück seiner Persönlichkeit, sondern eine von ihm ausgehende, aber nunmehr selbständig existierende Äußerung seiner Persönlichkeit. Und daher ist es auch ein selbständiges Rechtsobjekt. So lange dagegen die Loslösung nicht erfolgt ist, gibt es auch kein Rechtsobjekt. Der zollfreie Gedanke ist für uns keine unkörperliche Sache, aber auch in keiner Weise ein irgendwie davon verschiedenes Rechtsobjekt. Es ist Innenleben der Persönlichkeit selbst. Auch die Erwerbsfreiheit, auf die der Handlungsgehilfe, der Gesellschafter, der Kartellierte verzichtet, ist für uns nichts selbständiges, kein Rechtsobjekt. Der Konkurrenzverzicht ist eine Hemmung der zentralen Persönlichkeit, und deshalb unterliegt er der elastischen Abschätzung durch die gute Sitte.

Was für die idealen Persönlichkeitsrechte, gilt auch für die Körperteile. So lange das Haar nicht abgeschnitten ist, besteht kein Recht daran, weil an dem lebenden Leib kein Sachenrecht, weil an der Persönlichkeit kein Recht bestehen kann. Das abgeschnittene Haar ist für uns eine körperliche Sache. Es ist Gegenstand von Kauf und Eigentum. Der Verkauf von Locken auf dem Kopfe könnte höchstens als Verkauf einer künftigen körperlichen Sache für den Fall ihres Entstehens Bedeutung haben. Die Abtrennung kann nicht erzwungen werden. Die vermögensrechtliche Verkäuferschuld ergreift nicht die Persönlichkeit[1]). Das abgetrennte Haar fällt in das Eigentum der Herrin. Aber das Eigentum ist hier, wie in seinen Uranfängen ein Persönlichkeitsrecht[2]). Es wäre der Fall denkbar, daß das Mädchen, wenn feststeht, daß der Käufer ihm einen Schimpf damit antun will, das verkaufte und auch schon abgeschnittene Haar nicht herzugeben braucht. Ähnliches könnte auch bei Verkauf von Gliedmaßen eintreten. Jemand, der einen zu amputierenden Arm verkauft, kann sich die Operation noch überlegen. Und selbst wenn der Arm abgeschnitten ist, kann er aus Persönlichkeitsbedenken die Herausgabe verweigern. Vielleicht wird hier sogar das Persönlichkeitsmoment eine noch größere Rolle spielen, als bei dem für uns doch allgemein unpersönlicheren Haar. Allenfalls könnte hier schon die bloße Reue des Verkäufers genügen, um einen Herausgabezwang als Angriff auf die Persönlichkeit und daher als widersittlich erscheinen zu lassen. So lange eben das persönliche Element nicht abgestorben ist, kann, ähnlich wie bei dem Manuskript, das vermögensrechtliche nicht durchgreifen. Dieser Rechtsgedanke liegt auch der Unpfändbarkeit von Familienpapieren, Trauringen, Orden und Ehrenzeichen (CPO § 811) zu Grunde.

1) Nach Gareis, S. 89f. darf allerdings der Haarkäufer dem Mädchen oder der Ehefrau ohne Einspruchsrecht des Mannes den Zopf abschneiden. Das kommt vom „Recht am eigenen Körper", „an den Körperteilen"! Gegen Gareis auch Cosack I S. 115, Gierke II S. 36, Anmerkung 65.

2) Siehe oben Anmerkung 2. Richtig, wenn auch auf etwas verschwommener spekulativer Grundlage E. Hölder, Beiträge zur Geschichte des römischen Erbrechts 1881 S. 7ff. Gegen die Herrenlosigkeit des gezogenen Zahns, des abgeschnittenen Zopfs mit ausschließlichem Aneignungsrecht des bisherigen Trägers, bei Gareis S. 90 siehe auch O. Gierke II S. 36 Anmerkung 66.

## IV.

Als Axiom gilt heute der Satz: **Mit dem Tode erlischt das Rechtssubjekt, die Persönlichkeit.** Das ist nicht immer der Fall gewesen. Am Ausgangspunkt der Entwicklung steht der Glaube an das körperliche Fortleben des Toten: der lebende Leichnam[1]). Der Leichnam ist der in einer Art Schlaf fortlebende Tote. Darnach ist der Leichnam ein Stück der Persönlichkeit, das von ihr keineswegs losgelöst ist — ähnlich, wie bei Lebzeiten. Erst durch die Entwicklung des Seelenbegriffs tritt langsam eine Lösung ein. Dieser Prozeß ist aber heute keineswegs abgeschlossen. Der Materialismus des XIX. Jahrhunderts hat allerdings den Leichnam unter die Sachen gestellt — zwar außer Verkehr, aber den sachenrechtlichen Begriffen der Herrenlosigkeit, ja sogar des Eigentums unterworfen. Dieser Auffassung steht aber eine andere gegenüber, die konservativer an die bisherige Entwicklung und an das allgemeine Volksbewußtsein anknüpft. Sie trägt auch der wissenschaftlichen Erkenntnis Rechnung, daß die Welt nie und nimmer bloß durch Physik und Chemie allein zu verstehen ist, daß insbesondere der Mensch sich gerade durch Imponderabilien denn doch gewaltig über das Tier erhebt. Der **Leichnam** ist darnach **nicht Sache**, sondern ein **Rückstand der Persönlichkeit, dem Personenrechte unterworfen**[2]). Die Kirche steht stramm auf

---

1) Vgl. H. Schreuer, Das Recht der Toten. Zeitschrift für vergleichende Rechtswissenschaft Bd. XXXIII 1916 S. 333 ff„ XXXIV 1916 S. 1 ff.

2) L. Goldschmidt, Handbuch des Handelsrechts II, 2. Aufl. 1883 S. 3 Anm. 3d, der aber eigentümlicherweise den Leichnam wie den Körper und ungetrennte Körperteile des lebenden Menschen unter die „Güter“ rechnet, allerdings mit der Qualifikation, daß darüber „Rechtsgeschäfte unmöglich“, nicht blos „unstatthaft“ sind; C. Erwin Cramer; Die Behandlung des menschlichen Leichnams im Zivil- und Strafrecht, Züricher Dissertation 1885 S. 40 („Nichtsache“). J. Kohler; Studien aus dem Strafrecht I 1890 S. 206 f.; F. Regelsberger, Pandekten I S. 413. J. Rausnitz, Das Recht am menschlichen Leichnam und das Recht der Anatomie 1803 S. 593 f.; Binding, Grundriß des gemeinen deutschen Strafrechts II 1896 S. 86; O. v. Gierke II S. 35 f.

diesem Standpunkt. Zweifellos wird aber auch durch Staat und weltliches Recht der Leichnam in einer Weise behandelt, die man durchaus nicht als sachenrechtlich bezeichnen kann. Es gibt offizielle Ehrungen des Leichnams. Die bürgerlich-rechtliche Begräbnispflicht ist ein Ausfluß, eine Fortdauer der Unterhaltspflicht. „Die Behandlung der Leichen beim Eisenbahntransport nach der Eisenbahnverkehrsordnung vom 23. Dezember 1908 § 4ff. ist nur als spezielles Personenrecht verständlich. Die Leichen sind mit Personenzügen anzunehmen. Sie werden auf einen Beförderungsschein — nicht auf einen Frachtbrief — abgefertigt. Die Beiladung von Gütern, die nicht zur Leiche gehören, ist verboten. Der Sendung ist ein Begleiter beizugeben usw.[1]“. Nach der Zivilprozeßordnung § 811 Z. 13 „sind die zur unmittelbaren Verwendung für die Bestattung bestimmten Gegenstände“ der Pfändung entzogen. Sie sind auch sonst nach fast allgemeiner Anschauung außer Verkehr[2]). Das österreichische Strafgesetzbuch § 306 will sogar Entwendungen aus Gräbern und an Leichen als Diebstahl behandelt wissen[3]). Auch die Beschädigung und Wegschaffung des Leichnams selbst ist kein Vermögensdelikt. Das Deutsche Strafgesetzbuch § 168 stellt sie unter die Religionsdelikte und anerkennt damit die kirchliche Anschauung als Grundlage.

Immerhin ist namentlich durch die Hochflut des Materialismus im neunzehnten Jahrhundert die alte Festigkeit der kirchlichen Auffassung stark angegriffen. Das deutsche Strafgesetzbuch konstruiert die Delikte gegen den Leichnam als Verbrechen gegen den Gewahrsam der Berechtigten, insbesondere der Angehörigen. Parallel damit gewährt

Gareis, Über Rechtsverhältuisse an Begräbnisstätten, Blätter für Rechtsanwendung LXX 1905 S. 318.

1) H. Schreuer, Recht der Toten, Zeitschrift für vergleichende Rechtswissenschaft XXXIII S. 393ff., XXXIV S. 5f.

2) Vgl. Gierke, S. 36 und die dort Anm. 70 angegebene Literatur, ferner A. Kramer a. O. S. 53ff.

3) In demselben Sinne auch die reiche deutsche Literatur bei A. Kramer a. O. S. 54f; ebenso J. Kohler, Studien aus dem Strafrecht I S. 211 (wegen Verletzung des „Gewahrsams an der Leiche“).

die Strafprozeßordnung § 401 II den Antrag auf Wiederherstellung des Verfahrens gegen den Toten nur dem Ehegatten, den Verwandten in gerader Linie und den Geschwistern. Bei Verleumdung Toter sind der Ehegatte, die Eltern und Kinder allein antragsberechtigt, StrGB § 189 III. Ebenso können nur diese selben Angehörigen den Strafprozeß des verleumdeten Privatklägers nach dessen Tod fortsetzen, StrPO § 433. Das scheint einigermaßen mit der Theorie übereinzustimmen, welche den Leichnam als Eigentum des Erben[1]), oder doch wenigstens blos als Gegenstand eines Personenrechtes der Angehörigen[2]) ansieht. Diese Anschauung ist zu eng. In Wirklichkeit handelt es sich doch in erster Linie um die Person des Toten. Die Leichenfeier, die Begräbnispflicht als Ausfluß der Unterhaltspflicht, der persönlich charakterisierte Leichentransport sprechen eine zu deutliche Sprache. Auch das Strafgesetzbuch selbst ahndet (§ 168) die Grabschändung an sich. Die Verleumdung Toter (§ 168), begrifflich genau so umschrieben wie die Verleumdung Lebender (§ 187)[3]), ist kein Delikt gegen die Angehörigen. Bei Verleumdung eines lebenden Angehörigen sind sie eben im allgemeinen nicht strafantragsberechtigt. Ebensowenig können sie eine Wiederherstellung des Verfahrens bei Lebzeiten des unschuldig Verurteilten verlangen. Und doch sind sie in beiden Fällen durch das Unrecht gegen ihren Angehörigen ebenso in Mitleidenschaft gezogen, wie nach dessen Tod. Der Grund für das Antragsrecht der Angehörigen ist also die Hilflosigkeit des Toten — geradeso wie für das Antragsrecht des gesetzlichen Vertreters eines Handlungsunfähigen bei dessen Lebzeiten, StrPO § 413 III, StrGB § 65. Nur dem Ehemann wird die Verleumdungsklage neben der Frau bei deren Lebzeiten

1) Bekker, Pandekten I S. 331.

2) Vgl. Otto Gierke, II S. 36 und die dort Anm. 67 Angeführten.

3) Ausgenommen ist nur die Verleumdung, welche den Kredit zu gefährden geeignet ist. Dieser Gesichtspunkt fällt bei der Verleumdung eines Toten selbstverständlich fort. Dagegen bleibt die rein persönliche Ehrenkränkung; ein weiterer Beweis, daß die Rechtspersönlichkeit über den Tod hinaus fortdauert, soweit es eben geht.

gewährt, StrGB § 195. Die Konstruktion der Leichenschändung als Delikt gegen die Angehörigen entspricht genau derselben Auffassung, wie etwa die Meinung, daß man an einem Begräbnis nur um der Angehörigen willen teilnehme [1]).

Stellt man das Leichenrecht in die Persönlichkeitsrechte hinein, so wird es klar, daß nicht blos „Personenrechte der Hinterbliebenen an der Leiche" geschützt werden sollen, sondern die Persönlichkeit des Toten selbst: Leichnam, Recht am eigenen Bilde, guter Name (Ehre), in gewissem Sinne auch das Urheberrecht. Das „Recht der Leiche" ist also ein Persönlichkeitsrecht, zwar nicht der Leiche, aber des Toten. Wie das physische Leben nicht auf einmal abreißt, sondern nur stückweise erlischt, so bleiben auch von der Vollpersönlichkeit Stücke über den Tod hinaus lebendig. Nicht nur die Werke des Toten wirken nach; auch seine Rechtspersönlichkeit lebt, wenn auch zersetzt und absterbend über den Tod

---

1) Unvollständig ist auch die recht verbreitete Konstruktion Kohlers, S. 204 f.: „Es ist ein .. dem göttlichen Geiste der Menschheit entsprechendes Interesse, daß der Friede der Leiche gewahrt .. wird." „Die Leiche soll ihren Todesschlaf haben". „Dieses Friedensinteresse der Leiche ist ein Interesse religiöser Art. . . . Es ist ein Interesse ohne bestimmtes Interessensubjekt; die Leiche ist nicht Subjekt, auch nicht die Seele der Verstorbenen." Es handelt sich aber doch auch um ein menschliches Interesse des Staates, der Angehörigen. Der Kern ist außerdem der Tote. Gewiß will ich, daß meine Mitmenschen, insbesondere meine Angehörigen, nach dem Tode Ruhe haben. Aber ich will, daß auch ich selbst nach dem Tode Ruhe habe. Das „Ich" reicht eben auch einigermaßen über den Tod hinaus. Das wird in neuerer Zeit immer mehr empfunden. So lehrt Endemann, Bürgerliches Recht I 1903 S. 165 Anm. 2: „Das Recht der Persönlichkeit geht nicht schlechthin mit dem Tode unter. Ehre und Achtung müssen auch bei dem Verstorbenen in dem Maße, wie sie dem Lebenden gebührten, geschützt werden. Der Rechtsschutz wird aus dem Rechte des verstorbenen Subjekts gewährt und nicht als ein auf die Erben vererbtes Recht; diese sind aber zur Klage legitimiert." Gareis, Blätter für Rechtsanwendung LXX 1905 S. 318. Richtig bemerkt v. Tuhr, Bürgerliches Recht I 1910 S. 383 Anm. 17, daß der Totenschutz „zum Teil auf dem Interesse, welches der Mensch bei Lebzeiten an diesen Dingen hatte, zum Teil auf dem Interesse der überlebenden Personen des Verstorbenen" beruhe.

hinaus. Die Rechte der Angehörigen sind nicht Rechte „an“ der Leiche, sondern Verfügungen über die Leiche, wie über andere Persönlichkeitsrechte des Toten — ganz analog den Verfügungen über lebende Angehörige. Sie sind nicht Eigenrechte der Angehörigen sondern familienrechtliche, amtsrechtliche Befugnisse zur Pflege des hilflosen Toten. Auch der Testamentsvollstrecker kann nur als Vertreter, als Organ des Toten verstanden werden. Verfügungen der Angehörigen über die Leiche sind nicht sachenrechtlicher Art, sondern personenrechtlicher Natur: Vormundschaft, Munt über den Toten. Die Stellung der Angehörigen ist wie bei Lebzeiten des Toten nur sekundär. Wie sie den Toten begraben und zu begraben haben, so haben sie ihn auch zu schützen. Daher ist der Leichnam in ihrem „Gewahrsam“; daher ist der Antrag auf restitutio famae, die Verfolgung von Verleumdern des Toten, die Wahrung des Rechtes am eigenen Bilde des Toten in ihre Hand gelegt. So bleibt nichts übrig, als das Axiom von der absoluten Erlöschung der Persönlichkeit durch den Tod fallen zu lassen. Durch den Tod bricht die Persönlichkeit zusammen. Aber sie geht nicht mit einem Schlage ganz unter. Es bleibt zunächst noch eine Teilpersönlichkeit aufrecht, die freilich — abgesehen von der Stiftung — auch allmählich abstirbt.

## V.

Die Teilpersönlichkeit, wie sie hier dem Toten als Rest der Persönlichkeit des Lebenden zugeschrieben wird, ist im System des deutschen Rechts nichts besonderes. Im alten Recht war der Tor nicht vermögensfähig, sondern nur unterhaltsberechtigt. Frauen und Krüppel darbten des Lehnrechts. Die alte Halbfreiheit, das Aufsteigen der Unfreien zur Vollfreiheit, hat sich durch stückweise Verleihung der Persönlichkeit vollzogen: des Lebensrechtes, der Erwerbsfähigkeit, der Ehefähigkeit, der Abgabenfreiheit, der Freizügigkeit. Auch das ältere römische Recht bietet etwas paralleles. So hatten namentlich die Plebejer bis zur Lex Canuleia (445 v. Chr.) kein conubium mit den Patriziern. Die Latini Coloniarii erhielten erst durch Caracalla, die

Latini Juniani erst durch Justinian das römische conubium. Aber auch unserem modernen Recht ist die unvollkommene Persönlichkeit, die Teilpersönlichkeit, durchaus geläufig. Das Kind ist zwar im allgemeinen rechtsfähig, aber handlungsunfähig; der Minderjährige ist nur beschränkt geschäfts- oder deliktsfähig. Ja die Ehefähigkeit, die Rechtsfähigkeit zur Ehe, nicht blos die Fähigkeit zur Eheschließung, tritt erst mit der Ehemündigkeit ein. Auch der Geisteskranke, der Geistesschwache, der Entmündigte ist handlungsunfähig oder beschränkt handlungsfähig.

Auch der Erzeugte, aber noch nicht Geborene genießt beschränkte Rechtsfähigkeit. Nach deutscher Anschauung — im Gegensatz zum römischen Recht — wird auch die Leibesfrucht, und zwar selbst gegen die Eltern geschützt. Nicht nur der Staat verfolgt deren Abtreibung oder „Tötung“: StrGB § 218, 219, 220. Viel tiefer greifend hat auch der Ehemann das Recht und die Pflicht einem das Gedeihen der Frucht schädigenden Verhalten der Frau entgegenzutreten[1]). Ja die Witwe hat sogar einen besonderen Unterhaltsanspruch, so lange sie einen lebenden Erben trägt; BGB § 1963. „Das Kind soll in der Mutter geschützt werden“[2]). Das alles ist staatsbürgerliche und familienrechtliche Pflege, Munt, über das noch ungeborene Kind, allenfalls selbst der Mutter gegenüber. Aber dieses Persönlichkeitsfragment ist gering. Der werdende Mensch hat ein Lebensrecht; doch muß

1) Die Römer sahen in der Abtreibung durch die Mutter blos eine Schädigung des maritus: l 4 D 47, 11, eam maritum liberis fraudasse. Dagegen enthält die deutschrechtliche Stellung des Mannes, die Munt, zugleich ein Pflichtelement. Wenn der deutsche Ehegatte einem leichtsinnigen Treiben der Frau entgegentritt, so tut er das nicht bloß, weil er selbst geschädigt wird, sondern weil er sich der lebendigen Frucht annimmt, um deren Leben zu schützen und deren glückliche Geburt zu sichern. Diese Rücksicht auf den werdenden Menschen ist nicht blos ein moralisches Motiv, sondern der Rechtsstellung des Mannes wesentlich. Über die Leibesfrucht nach altdeutschem Rechte zuletzt A. Coulin, Z.[2] für Rechtsgeschichte XXXI (1910) S. 131 ff.; nach geltendem Recht P. Örtmann Kommentar zum BGB Allg. T. 1908 S. 5 f.

2) Motive V S. 489. G. Schwarz, Rechtssubjekt und Rechtszweck, Archiv für bürgerliches Recht Bd. XXXII 1908 S. 40.

selbst dieses gegenüber der Erhaltung der Mutter zurücktreten. Schon das Lebensrecht wird also erst durch die Geburt absolut. Dieses Lebensrecht zu wahren ist Rechtspflicht der Eltern: der werdende Mensch hat persönliche Familienrechte. Sie sind nur mäßig entwickelt. Gelangen sie doch selbst durch die Geburt noch nicht zur weitesten Entfaltung; auch dann bestehen sie zunächst hauptsächlich blos in der Körperpflege. Die Ehrenrechte fehlen dem werdenden Menschen ganz. Höchstens daß ein Körperehrenrecht, das Recht des Leichnams, für die Totgeburt von menschlicher Gestalt, im Gegensatze zum formlosen foetus, beansprucht wird[1]). Allenfalls könnte man noch die Eintragung des totgeborenen „Kindes" ins Sterberegister (Personenstandsgesetz § 23) hier anreihen. Diese Körperrechte der Leibesfrucht: das Lebensrecht und allenfalls das Leichnamsrecht und „Sterberecht" bestehen auch, wenn dann nachher vielleicht ein lebender Mensch gar nicht geboren wird. Diese Rechte des werdenden Menschen sind selbständig, sie sind von dem nachmaligen Zustandekommen einer lebenden Geburt, eines lebenden Menschen unabhängig. Die Leibesfrucht hat ein selbständiges, wenn auch beschränktes Lebensrecht und allenfalls ein Leichnamsrecht.

Vermögensrechte dagegen kommen der Leibesfrucht überhaupt nicht zu. Zwar sind Zuwendungen unter Lebenden und von Todeswegen, Grundbucheinträge zu Gunsten eines Ungeborenen zulässig. Aber solche können auch für einen Nichterzeugten stattfinden — ein Beweis, daß nicht die Leibesfrucht Subjekt ist. Diese Vergünstigungen sind gedacht nur für den Fall — also bedingt — daß ein Mensch geboren würde. Sie sind nicht Fürsorge für die Zukunft der Leibesfrucht, sondern Vorsorge für den künftigen Menschen. Erst der Geborene erwirbt. Wohl aber genießt der bloß Erzeugte für den Erbschaftsanfall einen Vorzug: ihm wird die Erbschaft unmittelbar nach dem Erblasser vorbehalten (BGB § 1923), während der Nichterzeugte für die gesetzliche Erbfolge gar nicht, für die gewillkürte Erbfolge

1) Olshausen, Kommentar zum Strafgesetzbuch [8] 1909 zu § 168 unter 2 b., dort auch reichliche Literatur; J. Kohler, S. 205.

nicht unmittelbar, sondern blos als Nacherbe in Betracht kommt. Freilich ist auch hier der Erzeugte, also die Leibesfrucht nicht Rechtssubjekt. Stirbt der Embryo vor der Geburt, so ist niemals eine rechtliche Verschiebung eingetreten; irgend eine Transmission findet nicht statt. Auch könnte der Pfleger die Erbschaft nicht ausschlagen. Die Leibesfrucht erwirbt nicht einmal ein bedingtes Recht. Erst der Geborene erwirbt die vorbehaltenen Rechte. Der Erbschaftsvorbehalt ist also auch hier blos eine Vorsorge für den Fall, daß ein Mensch geboren wird, eine Vorsorge für den künftigen Menschen. Wird aber ein Mensch geboren, so wird er unmittelbar Nachfolger des Erblassers: er „gilt als vor dem Erbfalle geboren“. Insofern macht sich also schon die Leibesfrucht für den Rechtserwerb geltend. Rechtssubjekt wird erst der Geborene. Aber dem Geborenen kommt für den Anfall das embryonale Vorstadium zu Gute. Die Rechtsfähigkeit des Geborenen greift also teilweise über die Geburt zurück.[1] Erst mit der Geburt wird das Recht auf Leib und Leben vollkommen; das Familienrecht erlangt, sich immer weiter auswachsend, seinen vollen Umfang; vorbehaltene Rechte werden erworben, weitere können hinzuerworben werden. Die Ehefähigkeit freilich erst später; ebenso die Handlungsfähigkeit. Der nasciturus ist also für uns nicht bloß pars viscerum mulieris, sondern ein beginnender Mensch, ein Stück zu einem Menschen, das sich durch die Geburt zu einer fast vollen Rechtsfähigkeit, dann aber noch lange nicht zur Ehefähigkeit und zur Handlungs-

---

1) Zu weit geht es, wenn Stammler, Die Unbestimmtheit des Rechtssubjektes, 1907, erklärt: Die Leibesfrucht ist zwar kein Rechtssubjekt. „Wohl aber ist die Leibesfrucht bereits Rechtssubjekt gewesen, wenn sie nachher als rechtsfähiger Mensch geboren wird.... Es läßt sich dahin ausdrücken: ein lebend geborener Mensch war bereits mit dem Beginn der Empfängniszeit Rechtssubjekt.“ Tatsächlich hat die Leibesfrucht Teilpersönlichkeit: Lebens- und Leichnamsrecht. Vermögensrechtlich ist sie dagegen nicht Rechtssubjekt gewesen, auch wenn daraus ein Mensch geboren wird. Gegen Stammler auch G. Schwarz, Rechtssubjekt und Rechtszweck, Archiv für Bürgerliches Recht XXXV 1910 S. 61, dem ich die mir jetzt unerreichbare Äußerung Stammlers entnehme.

fähigkeit auswächst. Schon vor der Geburt genießt der werdende Mensch an sich, um seiner selbst willen, Rechtsschutz. Nur ist seine Persönlichkeit noch unentwickelt, fragmentarisch.

Eine gewisse Analogie besonders mit dem Rechte des nasciturus bietet das Recht des Toten. In der Bestattungspflicht erscheint die Leibespflege als Ausläufer der Unterhaltspflicht. Der Schutz und die ehrenvolle Behandlung des Leichnams samt dem Rechte am eigenen Bilde und dem Rechte auf den guten Namen sind Leibes- und Ehrenrechte des Toten. Auch hier finden wir Fragmente einer Rechtspersönlichkeit und zwar geknüpft an Fragmente eines Menschen.

## VI.

Was ist aber der Tote? Der Persönlichkeitsrest nach dem Tode kann verschieden ausgebaut sein. Die katholische Kirche läßt kirchenrechtlich tatsächlich noch ein Rechtssubjekt fortbestehen, dem man sogar Zuwendungen guter Werke machen kann. Für das weltliche Recht dagegen ist die Subjektsqualität des Toten verblaßt. Wir glauben nicht mehr an den lebenden Leichnam. Auch die etwa transzendent fortlebende Seele ist für uns kein Rechtssubjekt. Weder der Leichnam, noch die Seele kann als Subjekt im weltlichen Rechtsverkehr stehen. Der tatsächliche Bestand ist hier viel geringer, als vor der Geburt. Vor der Geburt ist Leben vorhanden; der Tod aber ist für diese Welt wirklich die Vernichtung. Dem werdenden Menschen steht ein lebloser Menschenrest gegenüber; und nur der lebende Mensch ist für uns Rechtssubjekt. Auch der unheilbare Tor ist ein Mensch! Recht ist Leben. Wir haben heute kein Totenrecht mehr.

Die Verleumdung des Toten ist nicht eine Verleumdung des Toten, sondern des Lebenden nach seinem Tode. Auch die restitutio famae gilt nicht dem Toten, sondern dem einst Lebenden. Die Stiftung, das Testament, ist nicht Wille des Toten, sondern Erhaltung des Willens des Lebenden über den Tod hinaus — ebenso wie der Vertragsantrag, die Vollmacht nach § 153 oder 169, 673 BGB und § 52 III HGB. Und so ist auch für das weltliche Recht der Leichnam nicht der Körper des Toten, sondern des gewesenen Lebenden. Alle Rechte des Toten sind also heute Rechte des Lebenden, die über seinen Tod hinaus fortbestehen. Der Tote ist also für das weltliche Recht nicht ein, wenn auch absterbendes Rechtssubjekt, ein Subjekt, dessen Rechte sich verringern, als Gegenstück des werdenden Menschen, in dessen Existenz und durch dessen Existenz Rechte sich bilden. Der Tote ist nicht mehr. Alle Rechte des Toten sind Rechte des Lebenden, die nachwirken. Und doch ist andererseits der Tote mehr, als der noch nicht erzeugte Ungeborene. Der noch nicht Erzeugte ist überhaupt Nichts. Nur für den Fall, daß ein Mensch geboren würde, werden diesem — dem Geborenen — Rechte vorbehalten. Dagegen ist der Leichnam etwas Reales. Zwar kein Rechtssubjekt; aber der wenn auch äußerliche Rest eines Rechtssubjektes, ein wirkliches Stück der Persönlichkeit. Und ebenso ist die Ehre des Verstorbenen etwas Wirkliches. Der gute Name ist das Bedeutendste, was vom Lebenden übrig bleibt. Auch das Recht der unempfindlichen Leiche ist im Wesen nur mehr ein Ehrenrecht. Der noch nicht Erzeugte hat nicht einmal eine Ehre.

Das Subjekt der Körper- und Ehrenrechte, ebenso wie der Vermögensrechte war der Lebende. Dieses Subjekt ist durch den Tod erloschen. Aber die Reste dieses bestandenen Subjektes werden noch nach seinem Tode behütet. Die Rechte des Toten sind für uns Rechte des einst Lebenden. Das Interessensubjekt, das Rechtsmacht- und Rechtspflichtsubjekt ist der Lebende. Ich, der Lebende will, daß nach meinem Tode mein Körper anständig begraben werde, daß mein Name nicht verleumdet werde[1]). Wenn

1) Dies empfindet auch richtig G. v. Szaszy-Schwarz, das Bürgerliche Gesetzbuch für Ungarn, in Jherings Jahrbüchern [2] Bd. XXXII (= LXVIII) 1919, der im Anschluß an seine Ausführungen im Archiv für Bürgerliches Recht a. O. „um dieses Interesses des Lebenden willen“ (nach seinem Tode nicht beschimpft zu werden) „ihm (wem?) auch nach seinem Tode Schutz zu teil werden“ lassen will. Aber er

meine Kinder einst wegen Totenverleumdung klagen sollten, so tun sie das nicht um des Toten willen, sondern um den einst lebenden Vater zu reinigen. Die Ehrung des Leichnams ist nicht Ehrung des Toten, sondern Ehrung des einst Lebenden an seinem Leibesreste. Und ebenso ist der Raub von Leichen und Leichenteilen für uns im tiefsten Grunde ein Delikt gegen den Lebenden nach seinem Tode. Der Lebende und nur der Lebende wird geschützt über den Tod hinaus. Das Subjekt ist der Lebende, dessen Leib und Ehre von Staat und Angehörigen beschützt werden, auch wenn er nicht mehr ist. Diese Reste der Persönlichkeit des Lebenden sind durch den Tod nicht erloschen. In diesen Stücken seiner Persönlichkeit lebt das Rechtssubjekt trotz des Todes fort. Diese Stücke der Persönlichkeit des Lebenden sind zwar durch den Tod von jeder Fortbildung ausgeschlossen und sogar auch selbst dem allmählichen Absterben verfallen, aber nicht untergegangen. So ist auch ein aufgelöster Verein zusammengebrochen; aber während der Liquidazion besteht noch ein Rest: „der Verein in Liquidazion“ fort.

Dem juristischen Dogmatiker könnte die Fortdauer von Rechten einer bestandenen Person Bedenken erregen[1]). Man ist geschult auf die Formel: „Persönlichkeit ist man, Rechte hat man“ (Jellinek). Der Tote ist nicht mehr: es fehlt daher an einem „Träger“ — der Ausdruck

---

zieht nicht die scharfe Konsequenz, indem er den Kurator, den der ungarische Entwurf § 326 zur Vertretung der Persönlichkeitsrechte des Verstorbenen beruft, als „Totenkurator, eine Abart des Abwesenheitskurators“ bezeichnet, als einen „Kurator jener Art Abwesender, die nicht mehr zurückkehren“. Hier wirkt noch die atavistische Vorstellung vom abwesenden, und allenfalls wiederkehrenden Toten nach. Für das weltliche Recht ist aber der Tote nicht abwesend, sondern er ist überhaupt nicht mehr. Der ungarische Totenkurator ist also kein Abwesenheitskurator, sondern Kurator einer gewesenen Person, wie etwa der deutsche Pfleger eines Ungeborenen Pfleger eines zukünftigen Menschen ist.

1) Vgl. z. B. v. Schwerin S. 657: „unlogisch“. Gareis daselbst S. 318 ff. schwankt: „Prolongation — oder wenn man will — Nachwirkung jenes Persönlichkeitsrechts“.

erinnert bedenklich an einen Kleiderstock, — von Rechten. Tatsächlich scheitern auch an diesem Punkte alle Versuche, das allgemein und unzweifelhaft anerkannte Recht des „Toten" in entsprechender Weise zu konstruieren. Aber die Wirklichkeit ist stärker, als die Schulformel. Was ist, das ist auch vernünftig — wenn es auch scholastisch nicht zu fassen ist. In Wirklichkeit ist uns aber die Ehrung einer vergangenen Person durchaus geläufig. Von den Toten gar nicht zu reden! Wenn in einem Seminar das Bildnis des abgegangenen Leiters aufgestellt wird, so soll nicht der tote oder lebende Emeritus (wenigstens nicht allein) geehrt werden. Die Aufstellung ist vielmehr eine Huldigung an denjenigen, der einst hier gewirkt hat, so wie er gewirkt hat. Der junge Goethe ist eben der junge Goethe, und nicht die alte Exzellenz. Die Persönlichkeitsrechte des Toten, auch das Recht des Leichnams, sind aber in ihrem Wesen Ehrenrechte. Auch die Pflege, die rechtliche Hochachtung des Leichnams ist eine Ehrung des Verstorbenen. Nicht im Fleisch und Bein sitzt der Kern des Leichnamsrechtes, sondern in dem Andenken des Verstorbenen. Der gewesene Lebende wird geehrt an seinem Leibesreste. Sobald nur Fleisch und Bein in Betracht kommt — für den Materialisten die Leiche, für das geltende Recht das anatomische Präparat — ist das Leichnamsrecht erledigt. Die Verleumdung des Toten wird vom StrGB § 189 ausdrücklich als Schimpf gegen „das Andenken eines Verstorbenen" definiert.

Diese Auffassung wird auch gestützt durch das, was über das Recht der Ungeborenen gesagt worden ist. Zwar hat im Gegensatz zum Leichnam die Leibesfrucht selbstständige, wenn auch beschränkte Persönlichkeit, ein beschränktes Lebensrecht und allenfalls ein Leichnamsrecht. Hier besteht tatsächlich ein lebendes Wesen menschlicher Gattung, aber wegen seiner Unreife nur teilweise rechtsfähig — analog dem unentwickelten Kinde. Alle anderen Rechte der Ungeborenen aber, aus Vertrag oder letztem Willen, sind Rechte der Geborenen. Selbst der Erbschaftsanfall zu Gunsten des schon erzeugten Ungeborenen ist in Wirklichkeit ein Anfall an den Geborenen, aber über die Geburt zurückgreifend, wie die Rechte des Lebenden über den Tod hinaus fortdauern. Nicht der Ungeborene erwirbt, sondern der Geborene; nicht dem Ungeborenen wird vorbehalten, sondern dem Geborenen; nicht der „Leibesfrucht" (dem Embryo, foetus) wird „zur Wahrung ihrer künftigen Rechte" (§ 1912) ein Pfleger bestellt, sondern dem künftigen Menschen zur Wahrung seiner künftigen Rechte. Den Rechten eines künftigen Menschen stehen Rechte eines vergangenen Menschen gegenüber. Dabei besteht noch immer der tiefgreifende Unterschied, daß es sich in dem einen Falle um Reste, Zersetzung der bestandenen Person, in dem anderen Falle um eine allenfalls zu gewärtigende künftige Person handelt.

Nicht zu lösen ist das Problem mit den in neuerer Zeit wieder überhand nehmenden Theorien des Rechtszweckes.[1]) Sie beruhen auf einer Selbsttäuschung. Der Zweck an sich ist eine unpersönliche Abstrakzion und kann daher nicht selbst Person, Rechtssubjekt sein. Das ist schon reichlich gegen das alte Zweckvermögen der juristischen Personen eingewendet worden. Es geht nicht an, diese Theorie nun auch noch auf die Einzelperson zu übertragen. In Wirklichkeit handelt es sich für uns immer um Menschenzwecke, von Menschen gesetzte Zwecke, also um

1) Die Theorie geht auf die bekannte Lehre von Brinz zurück, der damit gegen die fingierte juristische Person ankämpfte. Generalisiert wurde sie besonders von Bernatzik, Kritische Studien über den Begriff der juristischen Person, Archiv für öffentliches Recht, Bd. V 1890 S. 169 ff., besonders 232 ff.; Gustav Schwarz (Budapest), Rechtssubjekt und Rechtszweck, Archiv für Bürgerliches Recht Bd. XXXII, 1908 und XXXV 1910; H. Kelsen, Hauptprobleme der Staatsrechtslehre 1911, insbesondere S. 594, der S. 701 und 703 die Persönlichkeit als „Endpunkt der rechtlichen Zurechnung", den Staat für „nichts als einen gemeinsamen Zurechnungspunkt erklärt". Über das Weitere vgl. G. Frommhold, Familienstiftung, Archiv für Zivilistische Praxis Bd. 117, 1918, S. 116 ff., der gleichfalls den Menschen für einen bloßen „Zweckvertreter" erklärt. Für das behandelte Thema steht auch Kohler der Zwecktheorie nicht fern, wenigstens insofern er für die Schwebezeit bis zur Geburt des beim Erbfalle schon erzeugten Erben eine juristische Person annimmt: Bürgerliches Recht I 1906, S. 354 f.

Menschen, und zwar um lebende Menschen, allenfalls auch schon um den werdenden Menschen.

## VII.

Der nach dem Tode fortbestehende Persönlichkeitsrest kann eine verschiedene Dauer haben. In der Stiftung wird durch Rechtsgeschäft von der Persönlichkeit des Stifters ein Stück, der stifterische Wille, zu selbständiger, grundsätzlich immerwährender Existenz losgelöst. Auch im Fideikommiß wirkt der Wille des Stifters dauernd fort. Die Verfügung einer Nacherbfolge (§ 2109 BGB), die Anordnung der Unteilbarkeit des Nachlasses oder eines Nachlaß-Stückes (§ 2044), die Übertragung der dauernden Verwaltung an einen Testamentsvollstrecker (§ 2209) erlischt im allgemeinen in 30 Jahren nach dem Tode des Erblassers. Auch der Ehrenschutz des Toten verfällt mit der Zeit. Verleumdungen können nur von den Ehegatten, Eltern und Kindern verfolgt werden. Sind solche nicht mehr vorhanden, so hat der Verstorbene den Schutz dagegen eingebüßt. Immerhin kann aber ein Strafurteil gegen ihn noch von der gesamten Nachkommenschaft angefochten werden.

Auch das Körperrecht des Lebenden verdorrt. Schon durch den Tod ist es wesentlich zusammengeschrumpft. Die Angehörigen können über die Leiche verfügen, sofern der Lebende nicht anders bestimmt hat. Körperverletzungen kommen nur als Leichenschändung in Betracht. Schließlich kommt eine Zeit, wo die körperlichen Reste nurmehr als tote Materie erscheinen, wo das Persönliche in ihnen erloschen ist. Dann hört das Körperrecht des einst Lebenden ganz auf. Durch sorgfältige Grabesverwahrung kann dieses Körperrecht lange erhalten werden. Bei Mumien hat auch das Grab nichts Persönliches und Menschliches mehr an sich. Die Mumie steht für uns einem historischen Denkmal gleich. Anders die Reste der deutschen Kaiser, die die Franzosen einst zu Speier in den Rhein geworfen haben — auch für die Täter selbst, die ihnen einen Schimpf damit antun wollten.

Durch Verfügung über den Leichnam kann die Entrechtung sehr rasch vollzogen werden. Schon die Überlassung an die Anatomie vernichtet die individuelle Persönlichkeitsbeziehung; es bleibt nur eine Leiche, allerdings eine Menschenleiche zurück. Nur eine des Menschen würdige Behandlung ist zulässig. Unzulässig wäre also nicht nur unsittlicher Mißbrauch des Menschenrestes, sondern auch etwa ein Verkauf von Leichen aus der Anatomie, um daraus Nutzstoffe zu ziehen, — nicht aber entgeltliche Überlassung zu Studienzwecken ohne Gewinn. Unzulässig ist selbstverständlich auch die Entwendung von Leichen aus der Anatomie. Sie ist kein Diebstahl, sondern das allgemeine Delikt der Wegnahme von Leichen oder Leichenteilen aus dem Gewahrsam der berechtigten Personen. Aber schon durch diese durchaus menschliche Behandlung wird der Leichnam immer mehr seiner Persönlichkeit entkleidet. Schließlich bleibt nur eine Sache zurück: das anatomische Präparat. Auch auf unerlaubtem Wege kann es dahin kommen. Wohl könnte man, so lange die Persönlichkeitsbeziehung feststeht, auch hier noch eingreifen und die unerlaubt weggenommene Leiche oder den Leichenteil auch als Skelett dem Verarbeiter entwinden. Ist aber die Persönlichkeit nicht mehr festzustellen, so ist der Persönlichkeitsrest dahin; die Leiche ist zum Gerippe geworden

Für die Gesamtbetrachtung zeigt also die Rechtspersönlichkeit des Menschen eine auf- und absteigende Linie. Der werdende Mensch hat eine minimale Rechtspersönlichkeit. Er hat ein ganz geringes Ausmaß von Personenrecht und überhaupt kein Vermögensrecht. Durch die Geburt erfährt die Rechtspersönlichkeit eine ruckartige Entfaltung. Sie entwickelt sich dann allmählich bis zur Volljährigkeit zu vollkommener Fülle. Durch geistige oder körperliche Gebrechlichkeit — namentlich auch des Alters — kann sie sich nachmals wieder mindern. Durch den Tod bricht sie zusammen, aber ganz stirbt sie erst stückweise ab. Ja in der Stiftung lebt meist sogar der Name, grundsätzlich aber der Wille des Toten als Persönlichkeitsrest dauernd fort, freilich — allenfalls schon unter Lebenden — von der

Persönlichkeit des Stifters zu relativer Selbständigkeit losgelöst. In diese Entwicklungslinie fällt auch das rechtliche Schicksal des Körpers. Der werdende Mensch hat einen begrenzten Anspruch auf Existenz und Körperpflege; der geborene Mensch ein volles Recht auf Leib und Leben; dieses wirkt auch über den Tod hinaus als Leichenehrenrecht.

## VIII.

Als Ausläufer des Leichnamsrechtes ist auch das Problem der ins Grab mitgegebenen Sachen zu erklären: des Kleides, Schmuckes, der Blumen und des Sarges. Sie bleiben nicht im Eigentum des Gebers. Dieser will sich ihrer entäußern, und das Recht anerkennt auch die Entäußerung, indem es die Zurücknahme ausschließt. Auch mit Dereliktion und Herrenlosigkeit ist nicht durchzukommen; ebensowenig wie mit einem Eigentum des Erben. Solche Sachen sind vielmehr Leichenbeigaben. So sind sie gedacht, und so sind sie zu behandeln. Von Eigentum des Toten kann heute freilich nicht mehr die Rede sein. Auch ist streng sachenrechtliches Eigentum einer vergangenen Person, also des einst Lebenden für uns nicht denkbar, hier umsoweniger, als die Sachen erst dem Toten gegeben werden. Aber sie sind Leichenehrung, wie andere Bestattungsakte. Der einst Lebende wird geehrt an seinem Leichnam. Sie gehören in das Persönlichkeitsrecht des Toten. Wie beim Lebenden sich das Persönlichkeitsrecht auf seine Kleider, den Trauring usw, erstreckt (CPO § 811 Z. 1 und 11), so sind auch die Leichenbeigaben (daselbst Ziffer 13) mit dem Persönlichkeitsrechte verbunden. Sie sind rechtlich anerkannte Ausstattung des Leichnams. Deren Wegnahme ist allenfalls personenrechtliche Grabschändung, Leichenschändung: StrGB § 168; jedenfalls aber auch Diebstahl: es sind „fremde Sachen“.

FSC
www.fsc.org
MIX
Papier | Fördert
gute Waldnutzung
FSC® C083411

Kolibri 360 GmbH
Ferdinand-Jühlke-Straße 7
99095 Erfurt, Deutschland
produktsicherheit@kolibri360.de